In neuer Rechtschreibung
Gedruckt auf chlorfrei gebleichtem Papier

© 2006 Nelson Verlag, Hamburg, PF 500380
Alle Rechte vorbehalten

Geschichten: Katrin Neuber
Fotos: Juniors Bildarchiv
Rahmenlayout: Ricarda Verhouc, Grafik: art-design Wolfrath

ISBN 978-3-86606-292-4
Printed in Germany

www.nelson-verlag.de

Katrin Neuber

Lustige
Tiergeschichten

Inhalt

Ein aufregender Tag mit Kitty

Kitty, die kleine Katze, hat sich
unter ihrem Lieblingshut versteckt.

„Hallo, Kitty, spielst du mit mir?",
fragt Kittys Freundin Minki.

Hoppla! Jetzt ist der ganze
Karton umgekippt. Und alle
Murmeln sind herausgerollt.

Schnell unter die Decke!
Hier ist es viel gemütlicher.

Das sind Kittys Brüder Tiger und
Ringo. Raufen macht ihnen am
meisten Spaß. „He, hört sofort
mit dem Kämpfen auf, ihr
Streithähne!", rufen Minki und
Kitty ihnen zu.

Ringo und Tiger sind jetzt müde
und kuscheln sich aneinander.

Auch Kitty und Minki haben es
sich bequem gemacht.

Da kommt Mama. Sie schleckt
mit ihrer Zunge über Kittys
weiches Fell. „Hm, das tut gut!"
Kitty schließt die Augen und fängt
an, laut zu schnurren.

Kitty will auch in die Hängematte.
Aber Minki will ihre Ruhe haben.

„Dann gehe ich eben wieder unter
meinen Hut", beschließt Kitty.

Max hat Hunger

Das ist Max. Er und sein Bruder
Timmi spielen den ganzen Tag
zusammen. „Hast du Lust zu
kämpfen?", fragt Max.

„Hab ich dich besiegt!", ruft
Max. Da kommt Mama.

Kuscheln mit Mama ist so schön!

Jetzt hat Max Hunger. Aber der
Turnschuh schmeckt ihm nicht.

Da entdeckt Max eine Hose.
Ob die wohl gut ist?

Die Hose schmeckt scheußlich.
„Mama, ich habe Hunger!", jault
Max. Aber wo ist Mama nur hin?
Max macht sich auf die Suche.

Endlich! Max hat den Fressnapf entdeckt. Guten Appetit, ihr drei!

Jetzt ein Schläfchen! Aber die Hängematte schaukelt so.

„Dann suche ich mir eben einen anderen Schlafplatz."

Unter dem Baum findet Max endlich Ruhe. Schlaf schön, Max!

Flockes schönster Tag

Das ist Flocke. Sie darf heute mit ihrer Mama auf die Weide.

Jetzt hat Flocke Hunger.
Wie gut, dass Mama da ist! Ihre
Milch schmeckt süß und lecker.

Als Flocke satt ist, schaut sie
sich neugierig um. Mal sehen,
was es auf der Weide noch alles
zu entdecken gibt.

Da kommt Flockes Freund Tom.
„Hallo, Flocke", wiehert er.

„Das ist Lilli", sagt Tom. Flocke
gibt Lilli zur Begrüßung einen
freundlichen Stups.

Mama findet Lilli auch sehr nett.
Lilli klettert auf Mamas Rücken.

„Das ist aber schön!", meint Lilli
und schließt die Augen.

Lilli spielt den ganzen Tag mit
Flocke und Tom. Das macht
Spaß! Tom lässt sich sogar von
Lilli striegeln.

Flocke und Mama genießen die letzten warmen Sonnenstrahlen des Tages. „Das war ein toller Tag!", sagt Flocke ganz glücklich zu Mama. „Ich freue mich schon auf morgen."

Die freche Hasenbande

Knuddel, das Zwergkaninchen,
spielt den ganzen Tag mit seinen
Freunden von der Hasenbande.

Das sind Wuschel und Lommel.
Lommel hat immer Hunger. Er
will den ganzen Tag nur fressen.

Wuschel soll für Lommel etwas
zu essen besorgen.

Da steht ein Korb mit Gemüse auf dem Tisch. „Genau das Richtige für uns!", ruft Wuschel und räumt den Korb aus.

Lommel steht unten. Er nimmt die
Karotten entgegen und verteilt
sie an die Hasenbande.

Wuschel ist sauer. Seine
Freunde haben das ganze
Gemüse aufgefressen.

Oh! Für Wuschel ist nur noch ein
bisschen Spinat übrig geblieben.

Da kommen Wuschels Freunde
Hoppel und Mausi. „Turnst du
mit?", fragen sie. Wuschel nickt.

Knuddel und Piepsi streiten sich
um ein Löwenzahnblatt. „He, zieh
nicht so, das ist meine Hälfte!"

Wuschel und seine Freundin
Mausi sind jetzt ganz müde vom
Turnen. Sie kuscheln sich dicht
aneinander. Wuschel flüstert:
„Du bist einfach süß, Mausi!"

Lies die Sätze mit den Bildern.
Du darfst dich für jeden Satz,
den du richtig gelesen hast, mit
einem Aufkleber belohnen.

Die kleine
hat Lust zu spielen.

Da entdeckt sie
ein paar schöne
aus Glas.

Oh, nein! Jetzt sind sie
unter den  gerollt.

Max spielt
mit einem alten .

Da bekommt
schrecklichen Hunger.

Zum Glück! Sein
wartet schon auf ihn.
Hm, das schmeckt lecker!

Leselotse Reihe

Das komplette Leselotse Programm:

Seepferdchen für erstes Mitlesen ab der Vorschule

ISBN 978-3-86606-441-6

1. Lesestufe für erstes Lesen ab der 1. Klasse

ISBN 978-3-86606-292-4   ISBN 978-3-86606-294-8   ISBN 978-3-86606-293-1   ISBN 978-3-86606-295-5   ISBN 978-3-86606-373-0

ISBN 978-3-86606-371-6   ISBN 978-3-86606-411-9   ISBN 978-3-86606-443-0

Lesen macht Laune!

2. Lesestufe für geübtes Lesen ab der 2. Klasse

ISBN 978-3-86606-299-3   ISBN 978-3-86606-297-9   ISBN 978-3-86606-296-2   ISBN 978-3-86606-298-6   ISBN 978-3-86606-372-3

ISBN 978-3-86606-370-9   ISBN 978-3-86606-412-6

3. Lesestufe für fortgeschrittenes Lesen ab der 3. Klasse

ISBN 978-3-86606-301-3   ISBN 978-3-86606-300-6   ISBN 978-3-86606-374-1   ISBN 978-3-86606-375-4   ISBN 978-3-86606-413-3

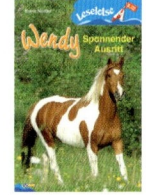

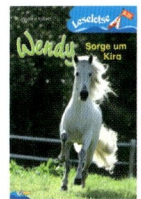

ISBN 978-3-86606-414-4   ISBN 978-3-86606-376-8   ISBN 978-3-86606-377-8   ISBN 978-3-86606-415-7   ISBN 978-3-86606-445-4

ISBN 978-3-86606-303-7   ISBN 978-3-86606-302-0